SUN TZU BIOGRAPHY

《孙武传记》

中国历史名人传记

QING QING JIANG

江清清

PREFACE

I am excited to welcome you to the Chinese Biography series. In this series, we will discover lives of some of the most famous people from Chinese history. Each book will introduce a famous Chinese personality whose contributions were immense to shape China's future. The books in Biography series contain numerous lessons in Mandarin Chinese. We start with a brief introduction of the book in the preface (前言), a bit detailed introduction to the person, and continue to dig his life and relevant issues. Each book contains 6 to 10 chapters made of simple Chinese sentences. For the readers' convenience, a comprehensive vocabulary has been provided at the beginning of each chapter. The pinyin for the Chinese text is provided after the main text. Further, to enforce a deeper Chinese learning, the English interpretation of the Chinese text has been purposely excluded from the books. This would help the readers think deeply about the contents the way native Chinese do! In order to help the students of Mandarin Chinese remember important characters, words, long words, idioms, etc., these entities have been purposely repeated throughout the book, and across the books in the series. Taken together, the books in Biography series will tremendously help readers improve their Chinese reading skills.

If you have any questions, suggestions, and feedbacks, feel free to let me know in the review or comments.

You can find more about China and Chinese culture on my blog and Amazon homepage.

I blog at:

www.QuoraChinese.com

-Qing Qing

江清清

©2023 Qing Qing Jiang

All rights reserved.

MOST FAMOUS & TOP INFLUENTIAL PEOPLE IN CHINESE HISTORY

SELF-LEARN READING MANDARIN CHINESE, VOCABULARY, EASY SENTENCES, HSK ALL LEVELS

(PINYIN, SIMPLIFIED CHARACTERS)

ACKNOWLEDGMENTS

I am a blogger. It has been a long and interesting journey since I started blogging quite a few years ago.

The blogging passion enabled me to write useful contents. In particular, I have been writing about China, and its culture.

My passion in writing was supported by my friends, colleagues, and most importantly, the almighty.

I thank everyone for constantly inspiring me in my life endeavours.

CONTENTS

PREFACE 2

ACKNOWLEDGMENTS 4

CONTENTS 5

LIFE (人物生平) 7

SUNWU'S LIFE (孙武生平) 13

ABOUT SUN TZU'S ART OF WAR (关于孙子兵法) 18

BASICS OF STRATEGY (战略的基础知识) 25

SUN TZU'S ART OF WAR AND WESTERN TACTICS (孙子兵法与西方战术) 31

SCOPE OF SUN TZU'S ART OF WAR (孙子兵法类似的拓展) 38

前言

今天的主角是孙子（公元前 544 年-公元前 496 年）又称孙武，是中国古代将军、军事专家和哲学家。人们普遍认为他是最重要的军事战略和理论著作《孙子兵法》的作者。他的名字意为"孙大师"。他姓孙，子是一个尊称（尊重的称号），意思是"主人"。接下来就要向你们介绍一下孙子的身份及其著作《孙子兵法》。

Jīntiān de zhǔjiǎo shì sūnzi (gōngyuán qián 544 nián-gōngyuán qián 496 nián) yòu chēng sūnwǔ, shì zhōngguó gǔdài jiāngjūn, jūnshì zhuānjiā hé zhéxué jiā. Rénmen pǔbiàn rènwéi tā shì zuì zhòngyào de jūnshì zhànlüè hé lǐlùn zhùzuò "sūnzi bīngfǎ" de zuòzhě. Tā de míngzì yì wèi"sūn dàshī". Tā xìng sūn, zi shì yīgè zūnchēng (zūnzhòng de chēnghào), yìsi shì"zhǔrén". Jiē xiàlái jiù yào xiàng nǐmen jièshào yīxià sūnzi de shēnfèn jí qí zhùzuò "sūnzi bīngfǎ".

www.QuoraChinese.com

LIFE (人物生平)

Sunzi (孙子/孙武子, ~545 BC-470 BC), real name Sun Wu (孙武) and also known as Sun Tzu, was a famous military strategist (军事家) and statesman (政治家) in the Spring and Autumn Period of China.

Sunzi was a native of Le'an in Qi State (齐国乐安人), located in the modern Guangrao County of Shandong province. Indeed, Sun Wu was not born in an ordinary family. His ancestors were the rulers of the Chen State (陈国). Also, Sun Wu's ancestors had been a general for generations, and had made great contributions to the state of Qi. Tianshu (田书), grandfather of Sun Tzu, was originally a senior minister (大夫) in the state of Qi. He had great achievements in the war against the Ju State (莒国, ?-431 BC). King Jing of Qi (齐景公, ?-490 BC) was pleased with Tianshu and conferred him the surname "Sun" (孙).

In 532 BC, there was a civil strife (historically known as the "Four Surnames Rebellion" 四姓之乱) in the state of Qi. During this time, Sun Tzu left the state of Qi and went to the state of Wu in the south. There, he devoted himself to the study of the art of war. In Wu State, Sun Tzu by chance met Wu Zixu (伍员/伍子胥, 559 BC-484 BC), a prominent official of the state of Wu (吴国).

Earlier, Wu Zixu had helped Helu (阖闾, 537 BC-496 BC) to ascend to the throne of Wu. King Wu named Wu Zixu as "Xingren" (行人), an official in charge of the appointment of court officials.

This was the time when the feudal lords were contending for hegemony. King Helu of Wu (吴王阖闾) had long wanted to attack the state of Chu for the sake of hegemony. However, it had been difficult to select a suitable general to lead the war.

At that time, there was a shortage of talented people in Wu State. Fortunately, the god had eyes and sent military genius Sun Wu to Wu State.

In fact, Wu Zixu often discussed military issues with King Wu. He once recommended Sun Tzu to King Wu, saying "Sun Tzu is proficient in military strategy. He has lots of potential. He has written thirteen chapters on the Art of War. Would you like to meet him?"

At the beginning, because King of Wu had never heard of Sun Wu, he thought that Wu Zixu recommended him for personal reasons, so he didn't take it seriously. However, later, Wu Zixu consistently recommended Sun Wu to King of Wu seven times. Finally, the King began to have a strong interest in this man named Sun Wu.

Finally, the king agreed to meet Sun Wu.

On the recommendation of his friend Wu Zixu, Sun Wu came to meet the King of Wu.

In seclusion, Sun Wu had written "Sun Tzu's Art of War" 《孙子兵法》. He brought the Art of War he had written to the King of Wu.

After Sun Tzu met with the King of Wu, he presented thirteen chapters of the Art of War (兵法) to the king. The King was full of praise after seeing it. The King of Wu admired his writings very much. However, in order to examine Sun Wu's ability to command the army, the King of Wu wanted to test him. So, the king selected more than 180 palace maids (宫女) and asked Sun Tzu to train them according to the art of war written in his book.

Sun Wu divided the palace maids into two teams, and appointed the king's two most favored concubines (妃子) as captains, who were responsible for supervising and training the palace maids of each of the corresponding teams. However, at the beginning, everyone was playful, chaotic, without discipline, and completely disobeyed Sun Wu's orders. Sun Wu was very angry, and ordered the beheading of the two favorite concubines and to show the public. He summoned the security guards and asked to behead the two captains according to law. When King Wu heard that his beloved concubines were about to die, he rushed and immediately sent an order saying that he already knew that Sun Wu could lead the army (带兵) and asked Sun Wu to pardon his two concubines. However, Sun Wu said ruthlessly: "Since I have been appointed as a general, I will lead the army, and your suggestion will not be accepted."

"臣既然受命为将，将在军中，君名有所不受。"

"Chén jìrán shòumìng wèi jiāng, jiàng zài jūn zhōng, jūn míng yǒu suǒ bù shòu."

Even when King Wu came to intervene, he could not stop Sun Wu's determination.

Then Sun Wu beheaded the concubines in the public (斩首示众).

Afterwards, when Sun Wu gave the orders, the formation of the palace maids conformed to the rules and everything was in order.

After that, the maids knew that Sun Wu was very powerful, and no one dared not to take it seriously. When the King of Wu came to visit again, he could see that the maids were training in an orderly manner under the guidance of Sun Wu, just like a regular army. The King of Wu saw Sun Wu's ability and immediately made him military general.

In Chinese history, the incident of training the palace maids is known as "Wu Palace Incident that Killed the Beautiful Concubines" (吴宫教战斩美宫女姬).

After being appointed as a general, Sun Tzu assisted the King of Wu.

Sun Wu emphasized that the outcome of a war does not depend on the fate; rather the outcome is related to factors such as political clarity, economic development, diplomatic efforts, military strength, and natural conditions. Sun Wu not only believed that the world exists objectively (客观存在), but also believed that things in the world are constantly moving and changing (不停地运动变化着). He emphasized that in wars, winning conditions should be actively created, people's collective efforts should be brought into play, and they should transform the conditions of the enemies in a direction that is beneficial to the them.

Sun Wu's efforts finally began to pay off. Under Sun Wu's training, Wu's military strength improved by leaps and bounds, providing a strong security to Wu.

In 506 BC, Sun Wu led the army of the state of Wu to defeat the army of the state of Chu (楚国) in the Battle of Baiju (柏举之战).

During the Battle of Baiju, the 30,000-strong Wu army went deep into the state of Chu, and defeated the 300,000 to 600,0000 strong military of Chu, and then seized the Chu capital Yingcheng (郢城). During the war, the Wu army was flexible, looking for opportunities for decisive attacks. The battle led to the collapse of Chu. In Chinese military history, this battle became an example of the Chinese idiom "winning more with less" (以少胜多) as a smaller army had defeated a huge army.

In Sun Wu's life, in addition to his illustrious military exploits, the most important thing was to leave behind "Sun Tzu's Art of War"《孙子兵法》for future generations. The treatise is known by several names in Chinese, such as:

1. 《孙子兵法》
2. 《孙武兵法》
3. 《吴孙子兵法》
4. 《孙子兵书》
5. 《孙武兵书》

The treatise is not only the earliest existing military book in China, but also the earliest military book in the world. It predates Carl von Clausewitz's (1780- 831) "Theory of War" (克劳塞维茨《战争论》) by well over 2000 years. "Sun Tzu's Art of War" is also known as the "Sacred Book of Military Science" (兵学圣典). It contains about 6,000 words in total, and a total of thirteen chapters.

The Art of War of Sun Tzu is the earliest existing military book in China, which has had a significant impact on the development of ancient Chinese military strategies. The treatise is a splendid treasure in the ancient Chinese military cultural heritage and an important part of the excellent traditional culture.

For his contribution to the book "Art of War of Sun Tzu", he was honored with different names, such as Sunzi (孙子), Sun Wuzi (孙武子) and Bing Sheng (兵圣), the Master of War. He is also known as the Ultimate Master of War (兵家至圣). Here 至圣 (zhì shèng) means "the greatest sage". Hence, "兵家至圣" would mean "the Greatest Master of War" or "Supreme Military Saint". The scholars also call him the founder (鼻祖) of Oriental Military Science (东方兵学).

The Sunzi's Hometown (孙子故里), a scenic spot located in Huimin County, Binzhou City, Shandong Province (山东省滨州市惠民县), is famous among the local tourists.

SUNWU'S LIFE (孙武生平)

1	孙子	Sūnzi	Sunzi, ancient Chinese military strategist of the spring and autumn period	Grandson
2	大部分	Dà bùfèn	Most	Best
3	来自于	Láizì yú	Come/originate from	
4	司马迁	Sīmǎqiān	Sima Qian, a pioneering historian	Author of Shi Ji (Historical Records)
5	史记	Shǐjì	Historical Records, by Sima Qian	
6	记载	Jìzǎi	Put down in writing	Record
7	被称为	Bèi chēng wèi	Known as	Be known as
8	春秋	Chūnqiū	Spring and autumn	Year
9	公元前	Gōngyuán qián	BC (Before Christ)	BCE (Before the Common Era)
10	公元	Gōngyuán	The Christian era	
11	齐国	Qí guó	Ancient state of Qi in what is now Shandong	
12	山东	Shāndōng	Shandong	
13	周朝	Zhōu cháo	Zhou Dynasty (1045-221 BC)	
14	军人	Jūnrén	Soldier	Serviceman
15	军事科学	Jūnshì kēxué	Military science	

16	战略家	Zhànlüè jiā	Strategist	
17	没有必要	Méiyǒu bìyào	Have no call for	Have no occasion go
18	情况下	Qíngkuàng xià	Situation	Circumstances
19	作战	Zuòzhàn	Fight	Conduct operations
20	间谍	Jiàndié	Spy	Secret agent
21	欺骗	Qīpiàn	Cheat	Deceive
22	指挥官	Zhǐhuī guān	Commander	Commanding officer
23	完全控制	Wánquán kòngzhì	Full control	In the palm of somebody's hand
24	士兵	Shìbīng	Rank-and-file soldiers	Privates
25	最少	Zuìshǎo	The least	The minimum
26	极其	Jíqí	Most	Extremely
27	微妙	Wéimiào	Delicate	Subtle
28	甚至	Shènzhì	Even	So far as to
29	无形	Wúxíng	Invisible	Intangible
30	地步	Dìbù	Condition	Plight
31	神秘	Shénmì	Mysterious	Mystical
32	无声无息	Wúshēng wú xī	Soundless; without any issues	Accomplish nothing and have no influence on the external world
33	对手	Duìshǒu	Opponent	Adversary

34	命运	Mìngyùn	Destiny	Fate
35	导演	Dǎoyǎn	Direct	Director
36	历史学家	Lìshǐ xué jiā	Historian	Historiographer
37	胜利者	Shènglì zhě	Winner	Victor
38	惊喜	Jīngxǐ	Pleasantly surprised	
39	将军	Jiāngjūn	General	Admiral
40	战役	Zhànyì	Campaign	Battle

Chinese (中文)

我们所知道的关于孙子的大部分内容都来自于司马迁的《史记》，也称为《史记》。根据《史记》记载，孙子生活在被称为"中国春秋时代"的时期。这个时代的时间为公元前770年至公元前476年。

孙子出生在齐国（今山东），这也是根据《史记》的记载的。然而，《吴越春秋》称他出生在吴国。孙子生活在周朝后期的动荡时期。他在一个军人家庭长大，学习军事科学，关于他的童年或早期生活，人们知道的不多。众所周知，在他生命中的某个阶段，他被称为伟大的将军和军事战略家。他成为吴王阖闾的将军。

孙子出生在齐国（今山东），这也是根据《史记》的记载的。然而，《吴越春秋》称他出生在吴国。孙子生活在周朝后期的动荡时期。他在一个军人家庭长大，学习军事科学，关于他的童年或早期生活，人们知道的不多。众所周知，在他生命中的某个阶段，他被称为伟大的将军和军事战略家。他成为吴王阖闾的将军。

孙子通过在没有必要的情况下不与敌人作战来赢得战斗。他推荐间谍、欺骗和指挥官完全控制他的士兵。当他真的作战时，他比他的大多数对手更了解战争，孙子学会了以最少的人员损失赢得战斗。

"要极其微妙，甚至到了无形的地步。要极其神秘，甚至到了无声无息的地步，这样子你才可以成为对手命运的导演。"

许多历史学家认为他是公元前506年博州之战的胜利者。伟大的历史学家司马迁（公元前 145/135-86），《史记》的作者，称孙子是一位杰出的战略战场指挥官。他还说孙子既灵活又对敌人有无限的惊喜。司马迁写道，在他近40年的将军生涯中，孙子从未输过一场战役、一场运动或一场战争。

Pinyin (拼音)

Wǒmen suǒ zhīdào de guānyú sūnzi de dà bùfèn nèiróng dōu láizì yú sīmǎqiān de "shǐjì", yě chēng wèi "shǐjì". Gēnjù "shǐjì" jìzǎi, sūn zǐ shēnghuó zài bèi chēng wèi"zhōngguó chūnqiū shídài"de shíqí. Zhège shídài de shíjiān wèi gōngyuán qián 770 nián zhì gōngyuán qián 476 nián.

Sūn zǐ chūshēng zài qí guó (jīn shāndōng), zhè yěshì gēnjù "shǐjì" de jìzǎi de. Rán'ér,"wúyuè chūnqiū" chēng tā chūshēng zài wú guó. Sūn zǐ shēnghuó zài zhōu cháo hòuqí de dòngdàng shíqí. Tā zài yīgè jūnrén jiātíng zhǎng dà, xuéxí jūnshì kēxué, guānyú tā de tóngnián huò zǎoqí shēnghuó, rénmen zhīdào de bù duō. Zhòngsuǒzhōuzhī, zài tā shēngmìng zhòng de mǒu gè jiēduàn, tā bèi chēng wèi wěidà de jiāngjūn hé jūnshì zhànlüè jiā. Tā chéngwéi wú wáng hé lǘ de jiāngjūn.

Sūn zǐ chūshēng zài qí guó (jīn shāndōng), zhè yěshì gēnjù "shǐjì" de jìzǎi de. Rán'ér,"wúyuè chūnqiū" chēng tā chūshēng zài wú guó. Sūn zǐ shēnghuó zài zhōu cháo hòuqí de dòngdàng shíqí. Tā zài yīgè jūnrén jiātíng zhǎng dà, xuéxí jūnshì kēxué, guānyú tā de tóngnián huò zǎoqí shēnghuó, rénmen zhīdào de bù duō. Zhòngsuǒzhōuzhī, zài tā shēngmìng zhòng de mǒu gè jiēduàn, tā bèi chēng wèi wěidà de jiāngjūn hé jūnshì zhànlüè jiā. Tā chéngwéi wú wáng hé lǔ de jiāngjūn.

Sūn zǐ tōngguò zài méiyǒu bìyào de qíngkuàng xià bù yǔ dírén zuòzhàn lái yíngdé zhàndòu. Tā tuījiàn jiàndié, qīpiàn hé zhǐhuī guān wánquán kòngzhì tā dí shìbīng. Dāng tā zhēn de zuòzhàn shí, tā bǐ tā de dà duōshù duìshǒu gèng liǎojiě zhànzhēng, sūn zǐ xuéhuìle yǐ zuìshǎo de rényuán sǔnshī yíngdé zhàndòu.

"Yào jíqí wéimiào, shènzhì dào liǎo wúxíng dì dìbù. Yào jíqí shénmì, shènzhì dào liǎo wúshēng wú xī dì dìbù, zhèyàng zi nǐ cái kěyǐ chéngwéi duìshǒu mìngyùn de dǎoyǎn."

Xǔduō lìshǐ xué jiā rènwéi tā shì gōngyuán qián 506 nián bó zhōu zhī zhàn de shènglì zhě. Wěidà de lìshǐ xué jiā sīmǎqiān (gōngyuán qián 145/135-86), "shǐjì" de zuòzhě, chēng sūnzi shì yī wèi jiéchū de zhànlüè zhànchǎng zhǐhuī guān. Tā hái shuō sūnzi jì línghuó yòu duì dírén yǒu wúxiàn de jīngxǐ. Sīmǎqiān xiě dào, zài tā jìn 40 nián de jiāngjūn shēngyá zhōng, sūnzi cóng wèi shūguò yī chǎng zhànyì, yī chǎng yùndòng huò yī chǎng zhànzhēng.

ABOUT SUN TZU'S ART OF WAR (关于孙子兵法)

1	孙子兵法	Sūnzi bīngfǎ	Sunzi Bing Fa; Master Sun's Rules of Warfare	Master Sun's Art of War
2	书籍	Shūjí	Books	Works
3	有史以来	Yǒushǐ yǐlái	Since the beginning of history	Throughout history
4	影响力	Yǐngxiǎng lì	Influence	
5	在古代	Zài gǔdài	In ancient times	In the old days
6	复制	Fùzhì	Duplicate	Reproduce
7	副本	Fùběn	Copy	Duplicate
8	在一起	Zài yīqǐ	Be together	Hold together
9	世纪末	Shìjìmò	End of the century	
10	翻译成	Fānyì chéng	Translate into	Turn…into
11	当时	Dāngshí	Then	At that time
12	骑士精神	Qíshì jīngshén	Knighthood spirit	
13	拒绝	Jùjué	Refuse	Reject
14	道家	Dàojiā	Taoist school	Taoists
15	应用于	Yìngyòng yú	Apply to	
16	作战	Zuòzhàn	Fight	Conduct operations
17	将军	Jiāngjūn	General	Admiral
18	明白	Míngbái	Clear	Obvious
19	严肃	Yánsù	Serious	Solemn
20	战争开始	Zhànzhēng kāishǐ	Commencement of war	Start of war

21	击败	Jíbài	Defeat	Beat
22	敌人	Dírén	Enemy	Foe
23	非常规	Fēicháng guī	Unconventional	
24	主流	Zhǔliú	Mainstream	Main current
25	战术	Zhànshù	Tactics	
26	欺骗	Qīpiàn	Cheat	Deceive
27	进攻	Jìngōng	Attack	Assault
28	我们的	Wǒmen de	Ours	
29	在附近	Zài fùjìn	Nearby	Close to
30	诱饵	Yòu'ěr	Toll	Bait
31	引诱	Yǐnyòu	Lure	Seduce
32	击溃	Jíkuì	Rout	Put to flight
33	一部分	Yībùfèn	A part	A portion
34	赏析	Shǎngxī	Make appreciative analysis;	Comment on

Chinese (中文)

《孙子兵法》是中国最早的战争书籍之一。它仍然是有史以来最著名和最有影响力的书籍之一。该书在古代世界被广泛复制。1972年发现了一本早期的副本。它被写在缝在一起的竹条上。它在18世纪末被西方世界所知。它直到20世纪才被翻译成英文。

当时，战争的规则是基于骑士精神的。孙子拒绝将战争视为一项运动。他使用道家的原则并将其应用于战争。这样做，他改变了战争的规则。与那些喜欢长期作战的将军们不同，他明白战争是严肃的。孙子认为，一旦战争开始，目标就是击败敌人。孙子是非常规的，因为他没有遵循他那个时代的主流智慧。其他将军对孙子的战术根本毫无准备。

"所有的战争都是建立在欺骗的基础上。因此，当能够进攻时，我们必须看起来不能；当使用我们的力量时，我们必须看起来不活跃；当我们靠近时，我们必须让敌人相信我们离开了；当远离时，我们必须让他相信我们在附近。拿出诱饵来引诱敌人。佯装混乱，击溃他。"这是孙子兵法中的一部分供大家赏析。

Pinyin (拼音)

"Sūnzi bīngfǎ" shì zhōngguó zuìzǎo de zhànzhēng shūjí zhī yī. Tā réngrán shì yǒushǐ yǐlái zuì zhùmíng hé zuì yǒu yǐngxiǎng lì de shūjí zhī yī. Gāi shū zài gǔdài shìjiè bèi guǎngfàn fùzhì. 1972 Nián fāxiànle yī běn zǎoqí de fùběn. Tā bèi xiě zài fèng zài yīqǐ de zhú tiáo shàng. Tā zài 18 shìjìmò bèi xīfāng shìjiè suǒ zhī. Tā zhídào 20 shìjì cái bèi fānyì chéng yīngwén.

Dāngshí, zhànzhēng de guīzé shì jīyú qíshì jīngshén de. Sūnzi jùjué jiāng zhànzhēng shì wéi yī xiàng yùndòng. Tā shǐyòng dàojiā de yuánzé bìng jiāng qí yìngyòng yú zhànzhēng. Zhèyàng zuò, tā gǎibiànle zhànzhēng de guīzé. Yǔ nàxiē xǐhuān chángqí zuòzhàn de jiāngjūnmen bùtóng, tā míngbái zhànzhēng shì yánsù de. Sūn zǐ rènwéi, yīdàn zhànzhēng kāishǐ, mùbiāo jiùshì jíbài dírén. Sūnzi shìfēi chángguī de, yīnwèi tā méiyǒu zūnxún tā nàgè shídài de zhǔliú zhìhuì. Qítā jiāngjūn duì sūnzi de zhànshù gēnběn háo wú zhǔnbèi.

"Suǒyǒu de zhànzhēng dōu shì jiànlì zài qīpiàn de jīchǔ shàng. Yīncǐ, dāng nénggòu jìngōng shí, wǒmen bìxū kàn qǐlái bu néng; dāng shǐyòng wǒmen de lìliàng shí, wǒmen bìxū kàn qǐlái bu huóyuè; dāng wǒmen kàojìn shí, wǒmen bìxū ràng dírén xiāngxìn wǒmen líkāile; dāng yuǎnlí shí, wǒmen bìxū ràng tā xiāngxìn wǒmen zài fùjìn. Ná chū yòu'ěr lái yǐnyòu dírén. Yángzhuāng hǔnluàn, jíkuì tā." Zhè shì sūnzi bīngfǎ zhōng de yībùfèn gōng dàjiā shǎngxī.

THE INFLUENCE AND SIGNIFICANCE OF SUN TZU'S ART OF WAR (《孙子兵法》影响及意义)

1	在过去	Zài guòqù	In the past	In the old days
2	两千年	Liǎng qiānnián	Two thousand	Two thousand years
3	毛泽东	Máozé dōng	Mao Zedong, the founder of the People's Republic of China	
4	内战	Nèizhàn	Civil war	
5	蒋介石	Jiǎngjièshí	Jiang Jieshi; Chiang Kaishek (Kuomingtang party leader and head of Nationalist Government in mainland China and Taiwan) (1887-1975	
6	胡志明	Húzhìmíng	Ho Chi Minh	Ho Chi Minh City
7	兵法	Bīngfǎ	Warcraft	Art of war
8	百战百胜	Bǎi zhàn bǎishèng	Fight a hundred battles, win a hundred victories	A hundred battles, a hundred victories
9	知己	Zhījǐ	Bosom friend	Intimate
10	不知	Bùzhī	Not to know	Have no idea of
11	不了解	Bù liǎojiě	Do not understand	Not familiar with
12	屈服	Qūfú	Surrender	Yield
13	春秋	Chūnqiū	Spring and autumn	Year
14	末期	Mòqí	Last phase	Final phase
15	战略家	Zhànlüè jiā	Strategist	
16	将军	Jiāngjūn	General	Admiral

17	传统上	Chuántǒng shàng	Traditionally	
18	被认为	Bèi rènwéi	Pass for	Go for
19	战国	Zhànguó	Warring states	
20	争夺霸权	Zhēngduó bàquán	Struggle for supremacy	
21	指挥官	Zhǐhuī guān	Commander	Commanding officer
22	演习	Yǎnxí	Maneuver	Exercise
23	地形	Dìxíng	Topography	
24	敌人	Dírén	Enemy	Foe
25	概括	Gàikuò	Summarize	
26	百战不殆	Bǎizhàn bùdài	You can fight a hundred battles with no danger of defeat	
27	格言	Géyán	Maxim	Motto
28	战术	Zhànshù	Tactics	
29	密切关系	Mìqiè guānxì	Affinity	
30	中国共产党	Zhōngguó gòngchǎndǎng	The Communist Party of China	
31	汲取	Jíqǔ	Draw	Derive
32	日本人	Rìběn rén	Japanese person	
33	作战	Zuòzhàn	Fight	Conduct operations
34	什么是	Shénme shì	What is	

Chinese (中文)

在过去的两千年里，孙子对军事思想产生了巨大的影响。毛泽东认为《孙子兵法》帮助他在中国内战中打败了蒋介石。胡志明是孙子的粉丝，他领导越南共产党对抗美国支持的南越。美国将军小诺曼·施瓦茨科夫和科林·鲍威尔在海湾战争中遵循《孙子兵法》的原则。

"如果你知己知彼，你就不必害怕百战百胜的结果。如果你知己而不知彼，每取得一次胜利，你也会遭受一次失败。如果你既不了解敌人也不了解自己，你就会在每场战斗中屈服或失败"

孙子也是春秋末期为吴国服务的军事战略家和将军孙子，传统上被认为是《孙子兵法》的作者，但这部作品更可能写于战国早期（公元前475-221年），当时中国分为六、七个国家，这些国家在争夺霸权时经常诉诸于战争。

《孙子兵法》是一本为统治者和指挥官提供的战略和战术的系统指南。该书讨论了各种演习和地形对战斗结果的影响。它强调了关于敌人的力量、部署和运动的准确信息的重要性。这被概括为"知己知彼，百战不殆"的格言。它还强调了战斗的不可预测性以及灵活战略和战术的使用。该书坚持政治考虑和军事政策之间的密切关系，大大影响了一些现代战略家。毛泽东和中国共产党人从《孙子兵法》中汲取了许多他们在与日本人以及后来与中国国民党人作战时使用的战略。

那么究竟什么是战略呢？战略，在战争中是指运用一个国家的所有军事、经济、政治和其他资源来实现战争目标的科学或艺术。

Pinyin (拼音)

Zài guòqù de liǎng qiānnián lǐ, sūnzi duì jūnshì sīxiǎng chǎnshēngle jùdà de yǐngxiǎng. Máozédōng rènwéi "sūnzi bīngfǎ" bāngzhù tā zài zhōngguó nèizhàn zhōng dǎbàile jiǎngjièshí. Húzhìmíng shì sūnzi de fěnsī, tā lǐngdǎo yuènán gòngchǎndǎng duìkàng měiguó zhīchí de nányuè. Měiguójiāngjūn xiāo nuò màn·shī wǎ cí kē fū hé kē lín·bàowēi'ěr zài hǎiwān zhànzhēng zhōng zūnxún "sūnzi bīngfǎ" de yuánzé.

"Rúguǒ nǐ zhījǐzhībǐ, nǐ jiù bùbì hàipà bǎi zhàn bǎishèng de jiéguǒ. Rúguǒ nǐ zhījǐ ér bùzhī bǐ, měi qǔdé yīcì shènglì, nǐ yě huì zāoshòu yīcì shībài. Rúguǒ nǐ jì bù liǎojiě dírén yě bù liǎojiě zìjǐ, nǐ jiù huì zài měi chǎng zhàndòu zhōng qūfú huò shībài"

sūnzi yěshì chūnqiū mòqí wèi wú guó fúwù de jūnshì zhànlüè jiā hé jiāngjūn sūnzi, chuántǒng shàng bèi rènwéi shì "sūnzi bīngfǎ" de zuòzhě, dàn zhè bù zuòpǐn gèng kěnéng xiě yú zhànguó zǎoqí (gōngyuán qián 475-221 nián), dāngshí zhōngguó fèn wèi liù, qī gè guójiā, zhèxiē guójiā zài zhēngduó bàquán shí jīngcháng sù zhū yú zhànzhēng.

"Sūnzi bīngfǎ" shì yī běn wèi tǒngzhì zhě hé zhǐhuī guān tígōng de zhànlüè hé zhànshù de xìtǒng zhǐnán. Gāi shū tǎolùnle gè zhǒng yǎnxí hé dìxíng duì zhàndòu jiéguǒ de yǐngxiǎng. Tā qiángdiàole guānyú dírén de lìliàng, bùshǔ hé yùndòng de zhǔnquè xìnxī de zhòngyào xìng. Zhè bèi gàikuò wèi"zhījǐzhībǐ, bǎizhànbùdài"de géyán. Tā hái qiángdiàole zhàndòu de bùkě yùcè xìng yǐjí línghuó zhànlüè hé zhànshù de shǐyòng. Gāi shū jiānchí zhèngzhì kǎolǜ hé jūnshì zhèngcè zhī jiān de mìqiè guānxì, dàdà yǐngxiǎngle yīxiē xiàndài zhànlüè jiā. Máozédōng hé zhōngguó gòngchǎndǎng rén cóng "sūnzi bīngfǎ" zhōng jíqǔle xǔduō tāmen zài yǔ rìběn rén yǐjí hòulái yǔ zhōngguó guómíndǎng rén zuòzhàn shí shǐyòng de zhànlüè.

Nàme jiūjìng shénme shì zhànlüè ne? Zhànlüè, zài zhànzhēng zhōng shì zhǐ yùnyòng yīgè guó jiā de suǒyǒu jūnshì, jīngjì, zhèngzhì hé qítā zīyuán lái shíxiàn zhànzhēng mùbiāo dì kēxué huò yìshù.

BASICS OF STRATEGY (战略的基础知识)

1	来源于	Láiyuán yú	Originate	Stem from
2	希腊语	Xīlà yǔ	Greek language	
3	雅典	Yǎdiǎn	Athens	
4	权威	Quánwēi	Authority	Authorita-tiveness
5	术语	Shùyǔ	Term	Terminology
6	竞选	Jìngxuǎn	Enter into an election contest	Campaign for
7	武装冲突	Wǔzhuāng chōngtú	Armed conflict	
8	呈现出	Chéngxiàn chū	Appear	Emerge
9	理论家	Lǐlùn jiā	Theorist	Theoretician
10	交战	Jiāozhàn	Be at war	Fight
11	夺取	Duóqǔ	Capture	Take by force
12	山头	Shāntóu	Hilltop	The top of a mountain
13	击沉	Jí chén	Bombard and sink	Send to the bottom
14	空中攻击	Kōngzhōng gōngjí	Air attack	
15	被称为	Bèi chēng wèi	Known as	Be known as
16	战役	Zhànyì	Campaign	Battle
17	全面地	Quánmiàn de	Thoroughly	Across the board
18	国家政策	Guójiā zhèngcè	National policy	
19	局限于	Júxiàn yú	Be confined to	Be limited to

20	战略家	Zhànlüè jiā	Strategist	
21	在现代	Zài xiàndài	In modern times	In modem times
22	工作小组	Gōngzuò xiǎozǔ	Working group	
23	在古代	Zài gǔdài	In ancient times	In the old days
24	惊叹	Jīngtàn	Wonder at	Marvel at
25	说服	Shuōfú	Persuade	Convince
26	他们的	Tāmen de	Their	Theirs
27	听众	Tīngzhòng	Audience	Listeners
28	行动方案	Xíngdòng fāng'àn	Action plan	Course of action
29	之上	Zhī shàng	On	Above
30	关于什么	Guānyú shénme	Whereof	
31	潜意识	Qiányìshí	Subconscious	
32	象棋	Xiàngqí	Chess	
33	大不相同	Dà bù xiāngtóng	Be very different	Be quite different
34	有意识	Yǒuyìshí	Consciously	Knowingly
35	而不是	Ér bùshì	But not	Instead of
36	最重要的是	Zuì zhòng yào de shì	Above all	Above all things
37	不确定	Bù quèdìng	Indeterminacy	
38	预料到	Yùliào dào	Have predicted	
39	证明是	Zhèngmíng shì	Turn out	Prove
40	要是	Yàoshi	If	Suppose
41	普鲁士	Pǔlǔshì	Prussia	Prussian

42	将军	Jiāngjūn	General	Admiral
43	政治家	Zhèngzhì jiā	Politician	Statesman
44	情况下	Qíngkuàng xià	Situation	Circumstances
45	迷雾	Míwù	Dense fog	
46	出错	Chūcuò	Make mistakes	Malfunction
47	有一些	Yǒu yīxiē	Some	Rather
48	天才	Tiāncái	Genius	Talent
49	大多数情况下	Dà duōshù qíngkuàng xià	In most cases	For the most part
50	战争	Zhànzhēng	War	Warfare
51	正如	Zhèngrú	Exactly as	Just as
52	而是	Ér shì	Not A, but B	
53	在讨论中	Zài tǎolùn zhōng	On the anvil	On the topic
54	他人	Tārén	Another person	Other people
55	想法	Xiǎngfǎ	Think of a way	Do what one can
56	战略思想	Zhànlüè sīxiǎng	Strategic thinking	
57	学科	Xuékē	Branch of learning	Course

Chinese (中文)

战略一词来源于希腊语，是古代雅典的重要决策。孙武这样的战略者主要是具有政治和军事权威的军事领导人，这就是战略的本质。由于战略是关于手段和目的之间的关系，这个术语的应用远远超出了战争的范围：它被用于商业、游戏理论和政治竞选等活动中。然而，它仍然植根于战争，而且正是在武装冲突领域，战略呈现出其最复杂的形式。理论家们将军事活动分为三种类型：(1)战术，或在交战中使用部队的技术（如夺取山头、击沉船只或从空中攻击目标），(2)行动，或为更大的目的平行或依次使用交战，这有时被称为战役计划，以及(3)战略决策，或将行动与政治目的广泛全面地协调起来。有时会引用第四种类型，即所谓的大战略，它包括所有国家政策的协调，包括经济和外交手段，以追求一些国家或联盟的目的。

战略规划很少局限于一个战略家。在现代，规划反映了委员会和工作小组的贡献，甚至在古代，战争委员会也是焦虑的指挥官们常年采用的手段。例如，修昔底德的《伯罗奔尼撒战争史》（约公元前404年）就包含了令人惊叹的演讲内容，在这些演讲中，不同国家的领导人试图说服他们的听众采取特定的行动方案。此外，战略总是建立在多种假设之上———关于什么是合法的或道德的，关于技术可以实现什么，关于天气和地理条件--这些都是没有说明的，甚至是潜意识的。由于这些原因，战争中的战略与象棋等游戏中的战略大不相同。战争是集体的；战略很少从一个有意识的决定中产生，而不是从许多较小的决定中产生；而且，最重要的是，战争是一种极不确定的努力，由未预料到的事件和经常被证明是错误的假设所主导。

至少，这主要是所有西方军事理论家中最伟大的普鲁士将军卡尔克劳塞维茨所阐述的观点。在他的经典战略论文《论战争》（1832年）中，克劳塞维茨强调了所有将军和政治家都在不确定的情况下工作（被称为"战争迷雾"），以及任何计划，无论多么简单，都有出错的趋势（被称为"摩擦"）。可以肯定的是，偶尔会有一些天才能够将一场战争从头到尾地引导下去，但在大多数情况下，战争是由委员会决定的。而且，正如克劳塞维茨在《战争论》的介绍性说明中所说，"当它不是一个自己行动的问题，而是一个在讨论中说服他人的问题时，需要的是明确的想法和显示它们之间的联系的能力"因此才有了战略思想的学科。

Pinyin (拼音)

Zhànlüè yī cí láiyuán yú xīlà yǔ, shì gǔdài yǎdiǎn de zhòngyào juécè. Sūnwǔ zhèyàng de zhànlüè zhě zhǔyào shi jùyǒu zhèngzhì hé jūnshì quánwēi de jūnshì lǐngdǎo rén, zhè jiùshì zhànlüè de běnzhí. Yóuyú zhànlüè shì guānyú shǒuduàn hé mùdì zhī jiān de guānxì, zhège shùyǔ de yìngyòng yuǎn yuǎn chāochūle zhànzhēng de fànwéi: Tā bèi yòng yú shāngyè, yóuxì lǐlùn hé zhèngzhì jìngxuǎn děng huódòng zhōng. Rán'ér, tāréngrán zhí gēn yú zhànzhēng, érqiě zhèng shì zài wǔzhuāng chōngtú lǐngyù, zhànlüè chéngxiàn chū qí zuì fùzá de xíngshì.

Lǐlùn jiāmen jiāngjūnshì huódòng fēn wéi sān zhǒng lèixíng:(1) Zhànshù, huò zài jiāozhàn zhōng shǐyòng bùduì de jìshù (rú duóqǔ shāntóu, jí chénchuán zhī huò cóng kōngzhōng gōngjí mùbiāo),(2) xíngdòng, huò wèi gèng dà de mùdì píngxíng huò yīcì shǐyòng jiāozhàn, zhè yǒushí bèi chēng wéi zhànyì jìhuà, yǐjí (3) zhànlüè juécè, huò jiāng xíngdòng yǔ zhèngzhì mùdì guǎngfàn quánmiàn de xiétiáo qǐlái. Yǒushí huì yǐnyòng dì sì zhǒng lèixíng, jí suǒwèi de dà zhànlüè, tā bāokuò suǒyǒu guójiā zhèngcè de xiétiáo, bāokuò jīngjì hé wàijiāo shǒuduàn, yǐ zhuīqiú yīxiē guójiā huò liánméng de mùdì.

Zhànlüè guīhuà hěn shǎo júxiàn yú yīgè zhànlüè jiā. Zài xiàndài, guīhuà fǎnyìngle wěiyuánhuì hé gōngzuò xiǎozǔ de gòngxiàn, shènzhì zài gǔdài, zhànzhēng wěiyuánhuì yěshì jiāolǜ de zhǐhuī guānmen chángnián cǎiyòng de shǒuduàn. Lìrú, xiū xī dǐ dé de "bó luó bēn ní sā zhànzhēng shǐ"(yuē gōngyuán qián 404 nián) jiù bāohánle lìng rén jīngtàn de yǎnjiǎng nèiróng, zài zhèxiē yǎnjiǎng zhōng, bùtóng guójiā de lǐngdǎo rén shìtú shuōfú tāmen de tīngzhòng cǎiqǔ tèdìng de xíngdòng fāng'àn. Cǐwài, zhànlüè zǒng shìjiànlì zài duō zhǒng jiǎshè zhī shàng——guānyú shénme shì héfǎ de huò dàodé de, guānyú jìshù kěyǐ shíxiàn shénme, guānyú tiānqì hé dìlǐ tiáojiàn--zhèxiē dōu shì méiyǒu shuōmíng de, shènzhì shì qiányìshí de. Yóuyú zhèxiē yuányīn, zhànzhēng zhōng de zhànlüè yǔ xiàngqí děng yóuxì zhōng de zhànlüè dà bù xiāngtóng. Zhànzhēng shì jítǐ de; zhànlüè hěn shǎo cóng yīgè yǒuyìshí de juédìng zhōng chǎnshēng, ér bùshì cóng xǔduō jiào xiǎo de juédìng zhōng chǎnshēng; érqiě, zuì zhòngyào de shì, zhànzhēng shì yī zhǒng jí bù quèdìng de nǔlì, yóu wèi yùliào dào de shì jiàn hé jīngcháng bèi zhèngmíng shì cuòwù de jiǎshè suǒ zhǔdǎo.

　　Zhìshǎo, zhè zhǔyào shi suǒyǒu xīfāng jūnshì lǐlùn jiāzhōng zuì wěidà de pǔlǔshì jiāngjūn kǎ'ěr kè láo sāi wéi cí suǒ chǎnshù de guāndiǎn. Zài tā de jīngdiǎn zhànlüè lùnwén "lùn zhànzhēng"(1832 nián) zhōng, kè láo sāi wéi cí qiángdiàole suǒyǒu jiàng jūn hé zhèngzhì jiā dōu zài bù quèdìng de qíngkuàng xià gōngzuò (bèi chēng wèi"zhànzhēng míwù"), yǐjí rènhé jìhuà, wúlùn duōme jiǎndān, dōu yǒu chūcuò de qūshì (bèi chēng wèi"mócā"). Kěyǐ kěndìng de shì, ǒu'ěr huì yǒu yīxiē tiāncái nénggòu jiāng yī chǎng zhànzhēng cóngtóu dào wěi de yǐndǎo xiàqù, dàn zài dà duōshù qíngkuàng xià, zhànzhēng shì yóu wěiyuánhuì juédìng de. Érqiě, zhèngrú kè láo sāi wéi cí zài "zhànzhēng lùn" de jièshào xìng shuōmíng zhōng suǒ shuō,"dāng tā bùshì yīgè zìjǐ xíngdòng de wèntí, ér shì yīgè zài tǎolùn zhōng shuōfú tā rén de wèntí shí, xūyào de shì míngquè de xiǎngfǎ hé xiǎnshì tāmen zhī jiān de liánxì de nénglì"yīncǐ cái yǒule zhànlüè sīxiǎng de xuékē.

SUN TZU'S ART OF WAR AND WESTERN TACTICS (孙子兵法与西方战术)

1	延续	Yánxù	Continue	Go on
2	归结为	Guījié wéi	Attribute to	
3	无意识	Wúyìshí	Unconscious	Automatic
4	邪恶	Xié'è	Evil	Ill
5	仅仅是	Jǐnjǐn shì	Only a matter of	Nothing but
6	而不是	Ér bùshì	But not	Instead of
7	比对	Bǐ duì	Comparison	
8	口号	Kǒuhào	Slogan	Watchword
9	肤浅	Fūqiǎn	Superficial	Shallow
10	激进	Jījìn	Radical	
11	战争	Zhànzhēng	War	Warfare
12	单纯	Dānchún	Simple	Pure
13	渗透	Shèntòu	Osmosis	Permeate
14	被理解	Bèi lǐjiě	Get across	Sink in
15	军事	Jūnshì	Military affairs	
16	看似	Kàn shì	Look like	Look as if
17	陈词滥调	Chéncí làndiào	Hackneyed and stereotyped expressions	Hackneyed tunes and phrase
18	说法	Shuōfǎ	A way of saying a thing	Wording
19	其实	Qíshí	Actually	In fact
20	被认为	Bèi rènwéi	Pass for	Go for
21	很可能	Hěn kěnéng	Very likely	
22	战国	Zhànguó	Warring states	
23	被视为	Bèi shì wéi	Be regarded as	Be seen as
24	精明	Jīngmíng	Astute	Shrewd

#	中文	Pinyin	English	English
25	战略家	Zhànlüè jiā	Strategist	
26	最重要的是	Zuì zhòngyào de shì	Above all	Above all things
27	观点一致	Guāndiǎn yīzhì	Hold identical views	Identity of views
28	在其他方面	Zài qítā fāngmiàn	On other counts	
29	兵法	Bīngfǎ	Warcraft	Art of war
30	依赖于	Yīlài yú	Depend on	Dependent on
31	无视	Wúshì	Ignore	Disregard
32	论战	Lùnzhàn	Polemic	Debate
33	领导能力	Lǐngdǎo nénglì	Leadership	Leadership ability
34	伤亡	Shāngwáng	Injuries and deaths	Casualties
35	前者	Qiánzhě	The former	
36	基本上	Jīběn shàng	Mainly	
37	用兵	Yòngbīng	Resort to arms	Use military forces
38	高手	Gāoshǒu	Past master	Master-hand
39	将军	Jiāngjūn	General	Admiral
40	在某种程度上	Zài mǒu zhǒng chéngdù shàng	In some degree	In some sense
41	文化差异	Wénhuà chāyì	Cultural variation	
42	启蒙运动	Qǐméng yùndòng	The Enlightenment (of the 18th century)	Enlightenment movement

43	浪漫主义	Làngmàn zhǔyì	Romanticism	
44	相结合	Xiāng jiéhé	Adjoin, combine	
45	法国大革命	Fàguó dàgémìng	The French Revolution	The French Revolution
46	拿破仑	Nápòlún	Napoleon	
47	努力工作	Nǔlì gōngzuò	Work hard	Hard work
48	特别是	Tèbié shì	Particular	Special
49	乐观主义者	Lèguān zhǔyì zhě	Optimist	
50	悲观主义者	Bēiguān zhǔyì zhě	Pessimist	Pessimists
51	控制自己	Kòngzhì zìjǐ	Self-control	Draw oneself up
52	不确定性	Bù quèdìng xìng	Uncertainty	
53	社会科学家	Shèhuì kēxuéjiā	Social scientist	
54	战争升级	Zhànzhēng shēngjí	War escalation	
55	理性	Lǐxìng	Reason	
56	历史学家	Lìshǐ xué jiā	Historian	Historiographer
57	大体	Dàtǐ	Cardinal principle	General interest
58	一边	Yī biān	One side	
59	迈克尔	Màikè'ěr	Michael	
60	霍华德	Huòhuádé	Howard	Dwight Howard
61	话说	Huàshuō	Says	
62	战争开始	Zhànzhēng kāishǐ	Commencement of war	Start of war
63	出错	Chūcuò	Make mistakes	Malfunction

Chinese (中文)

克劳塞维茨的核心和最著名的观点是："战争是政治通过其他手段的延续"。当然，战争是由政治产生的，尽管在通常的说法中，战争通常被归结为无意识的邪恶、上帝的愤怒，或者仅仅是意外，而不是理性外交的延续。此外，克劳塞维茨的战争观远比对其口号的肤浅解读更激进。如果战争不是"单纯的政策行为"，而是"真正的政治工具"，那么政治考虑就会渗透到所有的战争中。如果是这样的话，那么被理解为为政治目的而使用军事手段的战略就会扩展到许多领域。一个看似陈词滥调的说法其实是一个激进的说法。

当然，也有其他观点。在通常被认为是孙子（公元前 5 世纪）的《孙子兵法》中，但很可能是在中国战国时期（公元前 475-221 年）早期创作的，战争被视为达到严肃目的的严肃手段，其中，人们认为精明的战略家可能不是针对敌人的力量，而是针对无形的物体——其中最重要的是对手的战略。虽然这与克劳塞维茨的观点一致，但《孙子兵法》在其他方面采取了非常不同的论证思路。孙子兵法》对明智的将军知己知彼的能力更有信心，它更多地依赖于战场上精明的指挥官的才能，他们可以，而且应该无视统治者的命令，以实现战争的目标。在《论战》中，高级指挥官的才能与低级别的军事领导能力有着本质的区别，而《孙子兵法》似乎没有区分作战能力和战术能力；《论战》认为战斗是战争的主要手段，大量人员伤亡是其不可避免的代价，而《孙子兵法》认为前者基本上可以避免（"用兵高手不战而屈人之兵"），后者则证明将军能力差。战争论》怀疑政治和军事领导人是否有足够的信息作为正确决策的依据，而《孙子兵法》则以对情报收集和评估的研究开始并结束。

在某种程度上，这些战略方法反映了文化差异。克劳塞维茨是启蒙运动和早期浪漫主义相结合的产物；《孙子兵法》在道家的根基也同样深厚。历史环境也解释了其中的一些差异。克劳塞维茨在法国大革命后 20 年的战争和拿破仑的非凡个性的影响下努力工作；《孙子兵法》是在战国时期的动荡中写成的。关于战略的思考也存在着超越时间和地点的更深层次的差异。特别是，在当代关于战略的讨论中，乐观主义者和悲观主义者（如克劳塞维茨）之间持续存在分歧，前者认为明智的战略家在控制自己的命运方面有比平均水平更好的机会（其他条件不变），后者认为错误、糊涂和不确定性是战争的常态，因此，机会发挥着更大的作用。此外，社会科学家们在探索诸如无心插柳柳成荫或战争升级等话题时，一直希望将战略变成一种理性和可预测的努力。历史学家大体上站在悲观主义者一边：用英国历史学家迈克尔-霍华德的话说，他是 20 世纪最好的军事历史学家之一，大多数军队在战争开始时都会出错。

Pinyin (拼音)

Kè láo sāi wéi cí de héxīn hé zuì zhùmíng de guāndiǎn shì:"Zhànzhēng shì zhèngzhì tōngguò qítā shǒuduàn de yánxù". Dāngrán, zhànzhēng shì yóu zhèngzhì chǎnshēng de, jǐnguǎn zài tōngcháng de shuōfǎ zhōng, zhànzhēng tōngcháng bèi guījié wéi wúyìshí de xié'è, shàngdì de fènnù, huòzhě jǐnjǐn shì yìwài, ér bùshì lǐxìng wàijiāo de yánxù. Cǐwài, kè láo sāi wéi cí de zhànzhēng guān yuǎn bǐ duì qí kǒuhào de fūqiǎn jiědú gèng jījìn. Rúguǒ zhànzhēng bùshì"dānchún de zhèngcè xíngwéi", ér shì"zhēnzhèng de zhèngzhì gōngjù", nàme zhèngzhì kǎolǜ jiù huì shèntòu dào suǒyǒu de zhànzhēng zhōng. Rúguǒ shì zhèyàng dehuà, nàme bèi lǐjiě wèi wéi zhèngzhì mùdì ér shǐyòng jūnshì shǒuduàn de zhànlüè jiù huì kuòzhǎn dào xǔduō lǐngyù. Yīgè kàn shì chéncílàndiào de shuōfǎ qíshí shì yīgè jījìn de shuōfǎ.

Dāngrán, yěyǒu qítā guāndiǎn. Zài tōngcháng bèi rènwéi shì sūnzi (gōngyuán qián 5 shìjì) de "sūnzi bīngfǎ" zhōng, dàn hěn kěnéng shì zài zhōngguó zhànguó shíqí (gōngyuán qián 475-221 nián) zǎoqí chuàngzuò de, zhànzhēng bèi shì wéi dádào yánsù mùdì de yánsù shǒuduàn, qízhōng, rénmen rènwéi jīngmíng de zhànlüè jiā kěnéng bùshì zhēnduì dírén de lìliàng, ér shì zhēnduì wúxíng de wùtǐ——qízhōng zuì zhòngyào de shì duìshǒu de zhànlüè. Suīrán zhè yǔ kè láo sāi wéi cí de guāndiǎn yīzhì, dàn "sūnzi bīngfǎ" zài qítā fāngmiàn cǎiqǔle fēicháng bùtóng dì lùnzhèng sīlù. Sūnzi bīngfǎ" duì míngzhì de jiāngjūn zhījǐzhībǐ de nénglì gēng yǒu xìnxīn, tā gèng duō de yīlài yú zhànchǎng shàng jīngmíng de zhǐhuī guān de cáinéng, tāmen kěyǐ, érqiě yīnggāi wúshì tǒngzhì zhě de mìnglìng, yǐ shíxiàn zhànzhēng de mùbiāo. Zài "lùnzhàn" zhōng, gāojí zhǐhuī guān de cáinéng yǔ dī jíbié de jūnshì lǐngdǎo nénglì yǒuzhe běnzhí de qūbié, ér "sūnzi bīngfǎ" sìhū méiyǒu qūfēn zuòzhàn nénglì hé zhànshù nénglì;"lùnzhàn" rènwéi zhàndòu shì zhànzhēng de zhǔyào shǒuduàn, dàliàng rényuán shāngwáng shì qí bùkě bìmiǎn de dàijià, ér "sūnzi bīngfǎ" rènwéi qiánzhě jīběn shàng kěyǐ bìmiǎn ("yòngbīng gāoshǒu bù zhàn ér qū rén zhī bīng"), hòu zhě zé zhèngmíng jiāngjūn nénglì chà. Zhànzhēng lùn" huáiyí zhèngzhì hé jūnshì lǐngdǎo rén shìfǒu yǒu zúgòu de xìnxī zuòwéi zhèngquè juécè de yījù, ér "sūnzi bīngfǎ" zé yǐ duì qíngbào shōují hé pínggū de yánjiū kāishǐ bìng jiéshù.

Zài mǒu zhǒng chéngdù shàng, zhèxiē zhànlüè fāngfǎ fǎnyìngle wénhuà chāyì. Kè láo sāi wéi cí shì qǐméng yùndòng hé zǎoqí làngmàn zhǔyì xiāng jiéhé de chǎnwù;"sūnzi bīngfǎ" zài dàojiā de gēnjī yě tóngyàng shēnhòu. Lìshǐ huánjìng yě jiěshìle qízhōng de yīxiē chāyì. Kè láo sāi wéi cí zài fàguó dàgémìng hòu 20 nián de zhànzhēng hé nápòlún de fēifán gèxìng de yǐngxiǎng xià nǔlì gōngzuò;"sūnzi bīngfǎ" shì zài zhànguó shíqí de dòngdàng zhōng xiěchéng de. Guānyú zhànlüè de sīkǎo yě cúnzàizhe chāoyuè shíjiān hé dìdiǎn de gēngshēn céngcì de chāyì. Tèbié shì, zài dāngdài guānyú zhànlüè de tǎolùn zhōng, lèguān zhǔyì zhě hé bēiguān zhǔyì zhě (rú kè láo sāi wéi cí) zhī jiān chíxù cúnzài fēnqí, qiánzhě rènwéi míngzhì de zhànlüè jiā zài kòngzhì zìjǐ de mìngyùn fāngmiàn yǒu bǐ píngjūn shuǐpíng gèng hǎo de jīhuì (qítā tiáojiàn bù biàn), hòu zhě rènwéi cuòwù, hútú hé bù quèdìng xìng shì zhànzhēng de chángtài, yīncǐ, jīhuì fāhuīzhe gèng dà de zuòyòng. Cǐwài, shèhuì kēxuéjiāmen zài tànsuǒ zhūrú wúxīn chā liǔ liǔchéngyīn huò zhànzhēng shēngjí děng huàtí shí, yīzhí xīwàng jiāng zhànlüè biàn chéng yī zhǒng lǐxìng hàn kě yùcè de nǔlì. Lìshǐ xué jiā dàtǐ shàng zhàn zài bēiguān zhǔyì zhě yībiān: Yòng yīngguó lìshǐ xué jiā màikè'ěr-huòhuádé dehuà shuō, tā shì 20 shìjì zuì hǎo de jūnshì lìshǐ xué jiā zhī yī, dà duōshù jūnduì zài zhànzhēng kāishǐ shí dūhuì chūcuò.

SCOPE OF SUN TZU'S ART OF WAR (孙子兵法类似的拓展)

1	事实上	Shìshí shàng	In fact	In reality
2	新进	Xīn jìn	Newly imported, hired, etc.	
3	战略家	Zhànlüè jiā	Strategist	
4	公元	Gōngyuán	The Christian era	
5	城邦	Chéngbāng	City-state	
6	雅典	Yǎdiǎn	Athens	
7	大国	Dàguó	Power	Leading powers
8	率领	Shuàilǐng	Lead	Head
9	并入	Bìng rù	Merge into	Incorporate into
10	斯巴达	Sī bā dá	Sparta	Spartan
11	开篇	Kāipiān	Introductory song in a fiddle ballad	
12	超然	Chāorán	Aloof	Detached
13	特别是	Tèbié shì	Particular	Special
14	考虑到	Kǎolǜ dào	Considering	Take into consideration
15	自己的	Zìjǐ de	Self	
16	多变	Duō biàn	Changeable	Changeful
17	进取	Jìnqǔ	Keep forging ahead	Be eager to make progress
18	奴隶制	Núlì zhì	Slavery	Serfdom
19	历史学家	Lìshǐ xué jiā	Historian	

20	推翻	Tuīfān	Overthrow	Overturn
21	耗尽	Hào jìn	Exhaust	Use up
22	强国	Qiángguó	Powerful nation	Power
23	前者	Qiánzhě	The former	
24	超越	Chāoyuè	Surmount	Overstep
25	修改	Xiūgǎi	Revise	Amend
26	照亮	Zhào liàng	Illuminate	
27	以色列	Yǐsèliè	Israel	
28	阿拉伯	Ālābó	Arab	Arabian
29	敌人	Dírén	Enemy	Foe
30	古希腊	Gǔ xīlà	Ancient Greek	
31	杰出	Jiéchū	Outstanding	Distinguished
32	领导人	Lǐngdǎo rén	Leader	
33	波斯	Bōsī	Persia	
34	中央集权	Zhōngyāng jíquán	Centralization	
35	另一方面	Lìng yī fāngmiàn	On the other hand	The other side of the shield
36	古罗马	Gǔ luómǎ	Ancient Rome	
37	佛罗伦萨	Fóluólúnsà	Florence	Firenze
38	罗马	Luómǎ	Roman	Rome
39	而不是	Ér bùshì	But not	Instead of
40	政治家	Zhèngzhì jiā	Politician	Statesman
41	古代	Gǔdài	Ancient	Archaic
42	分裂	Fēnliè	Split	Divide
43	对外扩张	Duìwài kuòzhāng	External expansion	Foreign aggrandizement

Chinese (中文)

　　类似孙子兵法，古代世界为研究战略的学生提供了一个丰富的探索领域。事实上，新进的战略家最好从修昔底德的《伯罗奔尼撒战争史》（约公元前404年）开始，该书描述了公元前431年至公元前404年两个希腊城邦联盟之间的竞争。雅典是一个以海洋为主的大国，它率领前德利安联盟（现已并入雅典帝国）成员对抗由斯巴达领导的伯罗奔尼撒联盟，后者是一个谨慎的陆地大国。在修昔底德的开篇演说中，两位领导人，雅典的伯里克利和斯巴达的阿基达摩斯二世，都在纠结于具有超然意义的战略问题。特别是考虑到两个联盟擅长的不同形式的力量，他们应如何发挥自己的优势来对付敌人的弱点？两个政权的性质--民主雅典的多变和进取精神，奴隶制斯巴达的保守和谨慎———将如何塑造这场竞争？19世纪德国军事历史学家汉斯·德尔布吕克在研究伯罗奔尼撒战争时，对基于推翻对手的战略和旨在耗尽对手的战略进行了基本区分。斯巴达和雅典都追求后者；鉴于他们作为军事强国的根本差异，前者根本无法实现。德尔布吕克的分析说明了战略概念可以超越历史的方式。经过适当的修改，它们可以照亮以色列及其阿拉伯敌人在20世纪60年代和70年代做出的选择，就像照亮古希腊人的选择一样。

　　古希腊是一个关于独特国家和杰出领导人的故事，比如亚历山大大帝，他在公元前4世纪对波斯帝国的胜利说明了推翻无法从严重挫折中恢复过来的中央集权国家的战略的成功。另一方面，古罗马的崛起则更像是一个制度的故事。从公元前2世纪的希腊历史学家波利比乌斯到15-16世纪的佛罗伦萨政治哲学家尼科洛·马基雅弗利，罗马战略的故事似乎是一个集体的战争方法，而不是一个单一政治家的选择的反映。古代历史学家认为（现代历史学家似乎也同意），罗马的巨大力量源于政治体制，它将内部分裂转化为对外扩张的动力。

Pinyin (拼音)

Lèisì sūnzi bīngfǎ, gǔdài shìjiè wèi yánjiū zhànlüè de xuéshēng tígōngle yīgè fēngfù de tànsuǒ lǐngyù. Shìshí shàng, xīn jìn de zhànlüè jiā zuì hǎo cóng xiū xī dǐ dé de "bó luó bēn ní sā zhànzhēng shǐ"(yuē gōngyuán qián 404 nián) kāishǐ, gāi shū miáoshùle gōngyuán qián 431 nián zhì gōngyuán qián 404 nián liǎng gè xīlà chéngbāng liánméng zhī jiān de jìngzhēng. Yǎdiǎn shì yīgè yǐ hǎiyáng wéi zhǔ de dàguó, tā shuàilǐng qián dé lì'ān liánméng (xiàn yǐ bìng rù yǎdiǎn dìguó) chéngyuán duìkàng yóu sī bā dá lǐngdǎo de bó luó bēn ní sā liánméng, hòu zhě shì yīgè jǐnshèn de lùdì dàguó. Zài xiū xī dǐ dé de kāipiān yǎnshuō zhōng, liǎng wèi lǐngdǎo rén, yǎdiǎn de bó lǐ kèlì hé sī bā dá de ā jī dá mó sī èr shì, dōu zài jiūjié yú jùyǒu chāorán yìyì de zhànlüè wèntí. Tèbié shì kǎolǜ dào liǎng gè liánméng shàncháng de bùtóng xíngshì de lìliàng, tāmen yīng rúhé fāhuī zìjǐ de yōushì lái duìfù dírén de ruòdiǎn? Liǎng gè zhèngquán dì xìngzhì--mínzhǔ yǎdiǎn de duō biàn hé jìnqǔ jīngshén, núlì zhì sī bā dá de bǎoshǒu hé jǐnshèn———jiàng rúhé sùzào zhè chǎng jìngzhēng?

19 Shìjì déguó jūnshì lìshǐ xué jiā hàn sī·dé'ěr bù lǜ kè zài yánjiū bó luó bēn ní sā zhànzhēng shí, duì jīyú tuīfān duìshǒu de zhànlüè hé zhǐ zài hào jìn duìshǒu de zhànlüè jìnxíngle jīběn qūfēn. Sī bā dá hé yǎdiǎn dōu zhuīqiú hòu zhě; jiànyú tāmen zuòwéi jūnshì qiángguó de gēnběn chāyì, qiánzhě gēnběn wúfǎ shíxiàn. Dé'ěr bù lǜ kè de fēnxī shuōmíngliǎo zhànlüè gàiniàn kěyǐ chāoyuè lìshǐ de fāngshì. Jīngguò shìdàng de xiūgǎi, tāmen kěyǐ zhào liàng yǐsèliè jí qí ālābó dírén zài 20 shìjì 60 niándài hé

70 niándài zuò chū de xuǎnzé, jiù xiàng zhào liàng gǔ xīlà rén de xuǎnzé yīyàng.

Gǔ xīlà shì yīgè guānyú dútè guójiā hé jiéchū lǐngdǎo rén de gùshì, bǐrú yàlìshāndà dàdì, tā zài gōngyuán qián 4 shìjì duì bōsī dìguó de shènglì shuōmíngliǎo tuīfān wúfǎ cóng yánzhòng cuòzhé zhōng huīfù guòlái de zhōngyāng jíquán guójiā de zhànlüè de chénggōng. Lìng yī fāngmiàn, gǔ luómǎ de juéqǐ zé gèng xiàng shì yīgè zhìdù de gùshì. Cóng gōngyuán qián 2 shìjì de xīlà lìshǐ xué jiā bō lì bǐ wū sī dào 15-16 shìjì de fóluólúnsà zhèngzhì zhéxué jiā ní kē luò·mǎjīyǎ fú lì, luómǎ zhànlüè de gùshì sìhū shì yīgè jítǐ de zhànzhēng fāngfǎ, ér bùshì yīgè dānyī zhèngzhì jiā de xuǎnzé de fǎnyìng. Gǔdài lìshǐ xué jiā rènwéi (xiàndài lìshǐ xué jiā sìhū yě tóngyì), luómǎ de jùdà lìliàng yuán yú zhèngzhì tǐzhì, tā jiāng nèibù fēn liè zhuǎnhuà wéi duìwài kuòzhāng de dònglì.

www.QuoraChinese.com